Remake
CAN
& Green
Styling Book

簡単ＤＩＹで作る、飾る

リメ缶とグリーンの
スタイリングブック

たかはし ようこ

誠文堂新光社

リメ缶＆グリーン・ワールドへようこそ

はじめまして、たかはしようこです。
大阪のアンティークショップ「Sugar Pine」のオーナーで、
DIY大好き、ガラクタ大好きな
アラ還のおばちゃんです。

あるイベントで、空き缶を錆びさせたり、
ボコボコに叩いてペイントしたり、
ステンシルで男前な雰囲気にしたら、
めちゃめちゃ売れました。
「こんなんで売れるの？」ってびっくりしました。
これがリメ缶のはじまりです。

当時、地味な存在だった多肉植物を
リメ缶に入れて飾ってみたら、
「それ欲しい」と言われました。
「リメ缶とグリーンって相性いいんや！」と気づきました。

これがリメ缶＆グリーンの出合いです。

空き缶なら家の中にたくさんあります。
100円ショップに行けば、さまざまな道具が手に入ります。
お金をかけずに自分で作ったアイテムと
グリーンを合わせれば、雑誌に載っているような
スタイリングが手軽にできるかも……

ひらめきました！

そうして作り出した作品が、
いつの間にかショップやリビング、ガーデンに
たくさんあふれ出して、なかなか素敵な
リメ缶＆グリーン・ワールドになりました。

この本は、私のモノづくりのポリシー、
「小さいことは気にせんと、
ゆる〜〜く作ってみよう」に忠実に、
これまでの作品のスタイリングを紹介しています。

DIY＋グリーン初心者の方も、
多少失敗しても大丈夫。
自分で作れば塗料の剥げも
チャームポイントになります。

こんなに素敵にできたから、
バッチリインスタ映えする写真も撮りたい！
その気持ち、私も一緒です。
だからこの本ではインスタ映えする
写真の撮り方も紹介しています。

手軽に楽しく、そしてオシャレに。
グリーンのある生活、楽しんでみませんか。

Chapter 03 Arranging Hydroponics

079 水栽培をスタイリング

Chapter 04 Arranging Dried Flowers

093 ドライフラワーをスタイリング

Chapter 05 Making Items That Go Well With Succulent Plants

107 多肉植物に似合うアイテム作り

Chapter 06 Let's Take "Instagenic" Photos

122 インスタ映えする写真を撮ろう

はじめてのリメ缶作り

家にある空き缶と100円ショップで
購入できる道具で、かわいいリメ缶ができます。
空き缶を水性ペイントやアクリル絵の具で
塗装してステンシルやシールを貼って
気軽に作ってみましょう。

道具を揃える

塗料や筆、刷毛などリメ缶を作るのに必要な道具が
100円ショップで簡単に手に入ります。
リメ缶の個性を出すのに必要な塗料のカラーバリエーションも増えています。
ここでは、100円ショップで揃う道具をご紹介します。

※**Ⓓ**＝ダイソー、**Ⓢ**＝Seria

用具:左から平筆5本セット、ステンシルブラシ4本セット、金巻工作用刷毛15mmと30mm、花型パレット大小。**Ⓓ**

装飾:①②ステンシルシートアルファベット、③④ステンシルプレートアメカジ風20×12cm、⑤転写シール32ストレージナンバー、⑥転写シール58レターゴシック、⑦転写シール49フードパッケージ、⑧包装紙4Pニュースペーパー53×76cm。**Ⓢ**

水性ペイント:水性塗料は臭いも少なく、乾くと耐水になりとても優れています！刷毛も水洗いでOKです。

工作用水性ペイント:白は汎用性が高いので揃えておきたいアイテム。いろんな色があるのでお好きな色を選んで。左からブラック、ホワイト、アイボリー、イエロー、ダークグリーン、ダークブルー、レッド、ブラウン、いずれも約80mL。**Ⓓ**

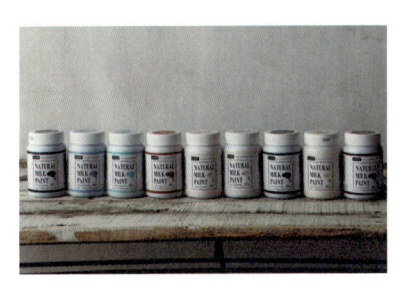

ナチュラルミルクペイント:アーリーアメリカンやアンティーク調の落ち着いた色合い。マットな質感の仕上がりに。左からブラック、スモーキーブルー、スモーキーグリーン、スモーキーレッド、スモーキーピンク、ナチュラルベージュ、ダークグリーン、アースホワイト、モカチャ、いずれも80mL。**D**

アクリル絵の具:耐水性で臭いも少なく、刷毛も水で洗えます。微妙な色合いを使いたいときにおススメです。ただ、量は多くありません。左からパールカラーアクリル絵の具25mL金と銀、アクリル絵の具25mL白、黒、赤、青、緑、黄、茶。**D**

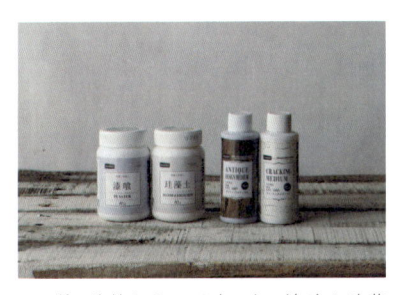

その他:独特な凸凹が味になる漆喰や珪藻土塗料、古ぼけた感を演出するアンティークメディウムなど。左から漆喰80mL（水性）、珪藻土80mL（水性）、アンティークメディウム50mL、クラッキングメディウム50mL。**D**

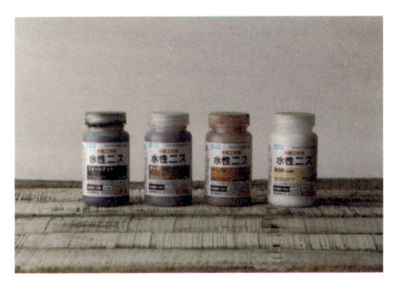

水性ニス:耐性を強化するときに使います。左から室内用木部工作水性ニス100mLウォールナット、チーク、メープル、乳白色（半透明）。**D**

黒板塗料:黒板塗料を塗ると缶が黒板仕様になり、チョークでメッセージを書くことができます。黒板ペイント60mL黒と緑。**S**

Yoko's point

水性ペイントは揮発性有機化合物が少なく、体にやさしい塗料です。手についた場合も水洗いでOKです。

空き缶にペイントしよう

それでは、リメ缶を作りましょう。まずは空き缶にペイント！
刷毛ムラが少々できても気にしない。
使っているうちに少しくらい剥げたっていい。
それも味になります。ゆる〜い作り方です。

色ムラができても
大丈夫！

用意するもの：空き缶、水性塗料、刷毛

Yoko's point 画筆より刷毛の方が、刷毛ムラができずに塗りやすいです。刷毛は水洗いできます。

01

空き缶を用意します。家にあるいろいろな空き缶にペイントできます。

02

ラベルがついている場合は、剥がします。

03

ボンド跡が残る場合もありますが、そのままペイントしてしまいましょう。それも味だと思います。

04

塗料は、塗る前にやさしく振って混ぜてください。

05

水で薄めずに1回塗り、乾いたら出来上がりです。自然乾燥で30分から1時間くらい、ドライヤーを使えば乾燥時間を短縮できます。

Yoko's point

色によっては1回だとムラができたり、きれいに塗りきれない場合があります。その場合は、ペイントが乾いてからもう1〜2回、塗ってくださいね。

リメ缶作りのひと工夫

ペイントの定着力をよくしたい場合

ペイントが剥げるのを防いだり、定着の悪い
缶には、空き缶にサンドペーパーをかける方
法や、メタルプライマー（塗るタイプもあります）を吹
き付ける方法があります。サンドペーパーをか
けてから、メタルプライマーを吹き付け、乾いて
からペイントすれば、定着力はよくなります。

好きな色を作る

好きな色がない場合は塗料を混ぜて作ること
ができます。基本は同じ種類の塗料を混ぜる
のですが、お遊びで作るリメ缶なので、メーカ
ーや種類の違う水性のペイントやアクリル絵
の具を混ぜてもOK（ただ、定着力が弱くなり、剥げた
り、ひび割れの原因になることもあるのでご注意を）。

大好きな群青色になりました♪
自分カラーを作るのも楽しいです。

ナチュラル色の塗料を使って

ナチュラルカラーのペイントを使うと、
落ち着いた色合いで、やさしい感じに仕上がります。
100円ショップのSeriaにはナチュラルカラーのペイントが揃っています。
ペイントをはじめ、Seriaで手に入るものをご紹介します。

水性塗料：スモーキーピンクは淡いパステル調、アースホワイトは黄色がかった白です。左からスモーキーピンク、スモーキーブルー、ブラック、アースホワイト、スモーキーグリーン、クリーム、いずれも80mL。

水性ニス：特徴は13ページで紹介したとおりです。いずれも大きな違いはないので、使いやすいものをお選びください。左から水性ニスウォールナット、水性ニスメープル、水性つや消しニス、いずれも80mL。

アクリル絵の具：透明タイプは水彩絵の具のような仕上がり。マットタイプはポスターカラーのような仕上がり。上段左からアクリルカラー20mL 白、黒、青、赤、黄、銀、金。下段左グループはアクリルカラー20mL、左からクリームイエロー、アクアグリーン、コーラルレッド、イエローオーカー、ローアンバー。下段右グループは絵の具アクリルガッシュ20mL、左からホワイト、ブルー、ブラック、レッド、イエロー。

かすれもいい感じ♪

ステンシルプレートで装飾

100円ショップで売っているステンシルプレートを使って
ステンシルに挑戦しましょう。塗料がかすれ気味につきますが、
そんなところもステンシルのよさだと思います。

用意するもの：ペイントした缶、ステンシルプレート、ステンシルブラシ、アクリル絵の具

Yoko's point 🖌 ステンシルは、アクリル絵の具ではなく水性ペイントでもできます。ただ、アクリル絵の具は濃度が濃い感じなので、ステンシルに向いています。

ステンシルプレートの使いたい部分を決め、その周りをマスキングテープで養生します。

絵の具をパレットに出します。筆に少しつけたら、余分な絵の具をパレットの上にこすりつけて落とします。

真上から軽くポンポンと叩く

ステンシルプレートは、ずれないようにしっかり手で押さえるか、マスキングテープでとめてからステンシルします。

Yoko's point

ステンシルの場合は、乾いた筆を使用してください。絵の具がかすれ気味につきますが、何度もポンポンして濃さを調節してみてください。

ワイヤーで持ち手を
つけてみよう

用意するもの：ステンシルした缶、釘かキリ（穴開け用）、金づち、ワイヤー、ラジオペンチかペンチ

植物を植える場合は、缶の底に釘かキリで水抜き穴を開けます。

両側に持ち手のワイヤーを通す穴を開けます。マジックなどで穴を開ける位置に印をつけておくと便利です。

開けた穴に適当な長さにカットしたワイヤーを通します。ワイヤーの先はラジオペンチなどでねじってとめます。

持ち手のあるリメ缶の出来上がり。吊るすこともできます。

オリジナルの
ステンシルプレートを作る

ステンシル用の文字は、パソコンに搭載されているフォントの中から
ステンシルに向いている太い書体を選んで、
好きな文字をプリントアウトしてください。

用意するもの：文字をプリント
アウトした紙、文字を切り抜く
ためのシート（クリアファイル）、ペ
イントした缶、アクリル絵の具、
ステンシルブラシ、カッター、カ
ッティングマット、定規

a、g、Pなどは、文字を切り抜く
と中が抜け落ちてしまいます。
抜け落ちないようにラインを
引き、印をつけます。この部分
はカットせず残します。

カッティングマットの上に文字
を印刷した紙、紙の上にクリ
アファイル（切り開き1枚に）をの
せ、クリアファイルが動かない
ようにマスキングテープでとめ
て、カッターで切り抜きます。

ステンシルする位置を決めた
ら、マスキングテープでとめま
しょう。

アクリル絵の具をつけたステ
ンシルブラシを、真上からポン
ポンします。少しかすれ気味の
ところがあっても味になります。

ゆっくりプレートを外したら乾
かします。失敗しても大丈夫。
ペイントをやり直して、またス
テンシルをしましょう！

転写シールを使って手軽に装飾

100円ショップで手に入る
転写シールを貼って、リメ缶を飾ります。
ステンシルと違って貼るだけなので、手軽に作れます。

土を入れて
植物を植えてみましょう。
缶の植木鉢でも
意外と元気に育ちます♪

用意するもの：ペイントした缶、転写シールと付属の棒、つや消しニス（透明）

Yoko's point 🖌 シールの上からニスを塗ると剥げにくく、錆びにくくもなります。缶全体に塗ると耐水の強化にもなります。ニスはつやありでもOKですが、塗った部分が光ってしまいます。

転写シールの使いたい部分をカットします。貼る位置を決め、裏側の剥離シートを剥がしてシートを缶にのせます。

ずれないように手で押さえ、付属の棒で上からしっかりこすりつけて転写します。転写ができたらゆっくり上のフィルムを剥がします。

転写シールは、耐熱耐水なのでこのまま使用しても大丈夫ですが、耐水を強化するならシール部分にニスを塗るとOKです。

植物を植える場合は、釘などで缶の底に水抜き穴を開けましょう。

アンティーク風ラベルを貼る

英字新聞やお気に入りの雑誌の切り抜きでラベルを作ります。
ブラウン系のニスやアンティークメディウムという塗料を使うと
アンティーク調のラベルに仕上がります。

用意するもの：ペイントした缶、筆、水性ニス（メープル）、木工用ボンド、アンティークメディウム（こげ茶のペイントでもOK）、英字新聞、雑誌の切り抜きやカード（薄いもの）

Yoko's point 木工用ボンドは水に弱いのですが、リメ缶くらいなら大丈夫。水性で伸びやすく乾くと透明になるので、使いやすいです。

01

ラベルにしたい部分に筆で水性ニスのメープルを塗ります。試し塗りをして濃い場合は水で薄め、薄い場合は塗り重ねてください。

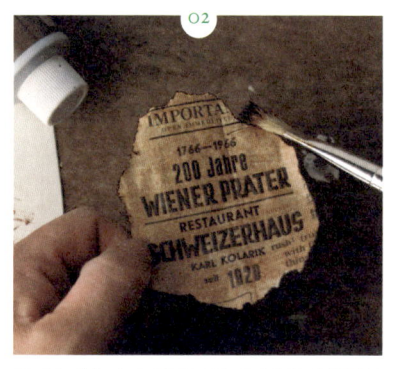

02

手でちぎり、缶に乗せてサイズや貼る場所を確認します。ちぎったギザギザ部分に、筆でアンティークメディウムを塗っていきます。

03

できたラベルの裏に木工用ボンドを塗ります。木工用ボンドが固い場合は、少し水で薄めて塗ってください。

04

中心部分から中の空気を抜くように貼ってください。指の腹で紙が破れないようにやさしくなでるように定着させてください。

エイジングをしてアンティーク風に

ラベル作り（24ページ参照）のときに使った
アンティークメディウムを使って
リメ缶をエイジングさせアンティーク風に変身させます。

世界にひとつの
リメ缶です♪

用意するもの：ペイントしてラベル貼りやステンシルをした缶、スポンジ、アンティークメディウム（こげ茶のペイントやアクリル絵の具でもOK）、パレット（牛乳パックをカットした物を利用）

Yoko's point スポンジは、洗車用の目の粗いスポンジをカットして使っています。なければ台所のスポンジでOKです。

01

スポンジにつけたメディウムは、余分な塗料をこすりつけて落としてからポンポンします。かすれ気味にポンポンするのがコツです。

02

缶は端の方が錆びたり汚れたりしやすいので、端をポンポンするとリアル感が出ます。

03

アンティーク風な仕上がりになりました。

Yoko's point ステンシルをしたリメ缶もポンポンしてエイジングしてみました。

ギザギザ蓋缶に黒板塗料を塗る

ツナ缶をギザギザ蓋缶にしておしゃれにリメ缶。
黒板塗料を使うので、
チョークでイラストやメッセージを書くことができます。
プレゼントにもいいですね。

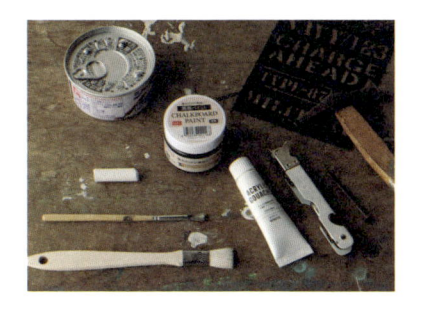

用意するもの：ツナ缶などの空き缶、缶切り、釘かキリ、金づち、黒板塗料、刷毛、ステンシルプレート、ステンシルブラシ、アクリル絵の具、チョーク

Yoko's point 黒板塗料はぽってりとした液体なので塗りやすいです。乾いたら耐水になります。（黒板塗料の代わりにツヤ消しの黒ペイントやミルクペイントの黒でもOKです）

01

缶の底の部分を缶切りで開け、少し残します。

02

ギザギザがかわいい！

中身を出して洗ったら、缶の蓋の部分に水抜き穴を開けます。

03

黒板塗料は、水で薄めずに塗っていきます。黒板状態にするため、乾いたら塗るを2〜3回繰り返します。

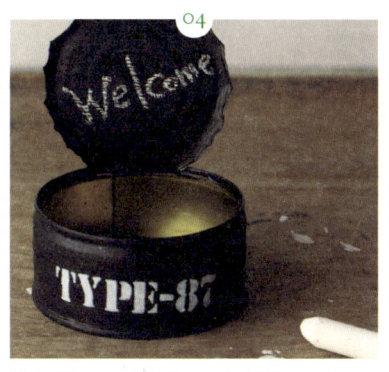
04

仕上がりはマットな感じです。黒板ですが、ステンシルを入れたりラベルを貼ったりもできます。

漆喰塗料で凸凹や質感のあるリメ缶を作る

漆喰塗料を使って、ペイントしただけのリメ缶から少し進んで、
少し凸凹や質感のあるリメ缶を作りましょう。
100円ショップで手に入る漆喰ペイント、珪藻土ペイントを使います。

左が漆喰ペイント
右が珪藻土ペイントを
使った缶ですよ♪

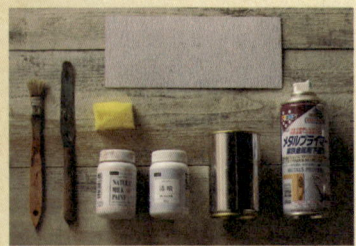

用意するもの：空き缶、水性ペイント、漆喰ペイント、メタルプライマー（非鉄金属用下塗り材）、刷毛、ヘラ、スポンジ、サンドペーパー（80番か100番くらい）、木工用ボンド、水性ニス
※メタルプライマーは刷毛塗り用もあります。

01

漆喰・珪藻土ペイントは剥がれやすいので、
空き缶にサンドペーパーを粗くかけます。

02

メタルプライマーを軽く全体に吹きつけます。
揮発性ですので作業はマスクをして屋外で。

03

漆喰ペイントを、薄めず刷毛で下塗りします
（左）。乾いたらヘラを使って、少し厚めに表情
をつけるように塗っていきます（右）。厚塗りし
すぎると、剥げたり、ひびが入ったりする原因に
なりますが、それも味と思ってくださいね。

04

全体に塗れたら乾かします。漆喰ペイントはゆ
るく、塗った漆喰がだんだん下がるので、5〜
10分ほど放置して少し乾いたら、ヘラやゴム
手袋をはめた指で上に押し上げて直します。
半日以上置いて乾かしてください。

05

水性ペイントをスポンジに少しつけ、色をつけ
たいところにポンポンと塗って乾かします。

06

作っておいたシールを木工用ボンドで貼り、
水性ニスを塗って出来上がりです。

割りピンと革で作る多肉植物のリメ缶バッグ

割りピンと革を使って、リメ缶をバッグにします。
割りピンなら持ち手をつけるのも簡単です。
いろんな色や形のリメ缶バッグを作って、植物を植えても楽しいですね。

男前なリメ缶です♪

用意するもの：ペイントしてラベル貼りやステンシルをした缶（写真はペイントする前の缶）、割りピン2個、革、釘かキリ、カッター、カッティングマット
※割りピンは、文房具屋さんやホームセンターで購入できます。

01

ペイントした缶にステンシルします。リメ缶の底に、釘かキリなどで、穴を開けておきます。

02

缶の口から、約1cm下に、割りピンを通す穴（3〜5mm）を、両側に開けます。内側から叩くと、開けやすいです。

03

カッターで革を約1.5cm幅に、長さは22cmにカットし、両サイドの端から1cmのところに、縦に割りピンのサイズ（3〜5mm）の切り込みを入れます。

04

割りピンを通します。割りピンの先を外側に開いて、倒して出来上がりです。

デニムジーンズをリメイクしてリメ缶作り

いらなくなったジーンズを、ハサミでカットして
木工用ボンドで貼る簡単リメ缶を作ります。ジーンズを貼るものは
空き缶だけでなく、植木鉢やプリンのカップでもOK。

どんなインテリアにも
似合いそう！

用意するもの：空き缶、木工用ボンド、いらなくなった
ジーンズ、ハサミ

Yoko's point ジーンズをカットしてパーツを作り、
貼り合わせるだけ。ポケットやファスナーをポイントに
使うとオシャレ感も増します。デニムの濃淡でコラージ
ュするので、組み合わせもそれほど難しくありません。

鉢カバーを作るときは、ジーンズの足の部分の内側を、ハサミでカットして広げて鉢の底に折り込みます。鉢のサイズとジーンズのサイズがぴったり合えば、あとは適当な長さに切って、底に折り込むだけ。サイズが合わない場合は、カットして縫ったり、ボンドやグルーガンで貼ったり、ヒモを巻いて調節してください。ちょっとおしゃれな鉢作りも、これなら手間いらず！

ブリキ缶でセダムを増やそう

リメ缶にもぴったりなセダムの増やし方です。
多肉植物の仲間でも、ぷくぷくした多肉植物ではなくて、
葉っぱが小さくて薄いセダムは育てやすく、
カットして土に挿すだけで、どんどん増えるものが多いです。

セダムは、屋外で育てましょう。ハサミで切って蒔くだけで、どんどん増えるものが多いので、多肉植物初心者向きだと思います。葉っぱの薄いセダムは、水を好むものが多いので、適当に水をあげてください。じゃぶじゃぶと水をあげる必要はありません。真夏と真冬は休眠期に入りますが、それ以外の季節は、どんどん繁殖します。梅雨時は、他の植物と同じで、土にカビが生えたりする場合もありますので、気をつけてくださいね。

01

セダムを用意します。いろいろなセダムが、お花屋さんで売られているのを見かけます。セダムがミックスされたポット苗も出ていますね。

02

ブリキ缶を用意します。100円ショップなどでいろいろ売っています。

03

ブリキ缶の底に釘やキリなどで、穴を数カ所開けます。

04

ブリキの光沢を抑えたいので、酢水につけます。

※食用のお酢でOK。一晩でマットにしたい場合はお酢を多めに。酢につけなくても、水やりしていくうちにマットになります。

面倒くさがり屋さんのための
簡単な植え方

カットしたセダムを土の上に蒔くだけで、植えなくていい、とっても簡単な方法です。

セダムを長さ1〜3cmくらいにハサミでカットします。

穴を開けたブリキの缶に土（花用の土でOK）を入れます。ブリキ缶の底を軽く叩いて土を馴染ませ、水をやっておきます（植えてからでもOK）。カットしたセダムを、土の上にパラパラと蒔きます。

その上から、薄く土をかぶせてください。これでおしまい。

ひと手間かけた
ていねいな植え方

穴を開けたブリキの缶に、土を馴染ませ水をやったら、小さく切ったセダムを、ピンセットで土に植え込んでいくのがていねいな植え方。

1カ月もたたないうちに、セダムがこんもりしてきます。ほんの少しの手間で、キレイにセダムが育ちます。私は、やっぱりこっち派です！

グリーンをスタイリング

身近にあるものを使って、
天井から吊るしたり、
壁に掛けたり、グリーンをスタイリングする
アイテムを作りましょう。

カッコイイ系の
インテリアにぴったり！

苔玉コウモリランを
麻布（ドンゴロス）に包んで吊るす

インテリア雑誌などでも取り上げられるコウモリラン。
育て方のコツをつかめば、育てやすい植物です。
苔玉にしたコウモリランを、
麻布（ドンゴロス）で包みテグスや麻ひも等で吊るします。

用意するもの：小さめのコウモリラン、ミズゴケ、ワイヤー、麻布（ドンゴロス）、麻ひも、ステンシルプレート、アクリル絵の具、ステンシル用の筆やスポンジ、キリ

Yoko's point ミズゴケが乾いたら軽くなります。麻布（ドンゴロス）に包んだまま、水に10分程度つけてください。

苔玉の作り方

小さなコウモリランを用意します。

01

まわりの土を、根元を傷めないように取ります。根元の部分の土は、適当に残してください。

02

水につけてふやかしたミズゴケを、軽く水を絞って根の周りに貼りつけていきます。両手で押さえて、丸くします。

03

ミズゴケが外れないよう、麻ひもを回して縛ります。

04

コウモリランちゃん、
イタイ思いをさせて、
ごめんなさい。

バランスを見て、ワイヤーを通します。通りにく
い場合は、キリなどであらかじめ仮の穴を開け
てから、ワイヤーを通すとよいです。

05

ワイヤーを通したら、適当な長さでカットして
横の部分をねじってとめます。

06

ワイヤーのてっぺん部分を、
丸くねじりました。
苔玉の出来上がりです。
このまま吊るしてもいいですね。

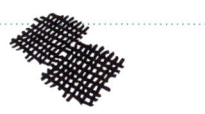

麻布にステンシルする

麻布<ruby>麻布<rt>ドンゴロス</rt></ruby>にステンシルする

01

麻布（ドンゴロス）を、苔玉を包むのによい大きさ（正方形）にカットします。四方の横の麻糸を数本抜いて、フサフサにします。

02

ステンシルします。ステンシルのやり方は18ページを参照してください。

03

ステンシルできました。

04

麻布（ドンゴロス）でコウモリランの苔玉を包み、麻ひもを2周回して蝶々結びします。麻ひもは適当な長さでカットします。

ファブリックボードをエアプランツホルダーに

既製のファブリックボードと割りピン、革を使って、
エアプランツホルダーを作ります。布にデザインされた英字とエアプランツが、
お部屋をスタイリッシュなイメージにしてくれます。

ブルックリン風
エアプランツホルダー♪

用意するもの：ファブリックボード、割りピン4個、革、カッターナイフ、カッティングボード、定規、目打ちか釘

Yoko's point 割りピンは、カシメを使うよりずっと作業が簡単です。

革をカットします。エアープランツのホルダーになる黒い革は、2cm×15cmにカット。吊るす部分の茶色の革は、2cm×10cmで2本カットします。

ボードの上に黒い革を重ね、目打ちや釘などで割りピンを通す穴を開けます。革の位置はお好みでOK。

割りピンを通します。

ボードの裏側は、割りピンの先を外側に開いて倒します。

革をたるませて、エアプランツが落ちない位置に割りピンを通します。

革の左端の余分な部分は、ハサミでカットします。

茶色の革は半分に折って、好みの位置に割りピンでつけ、裏側は先を外側に開いて倒します。

エアプランツを入れて、出来上がりです。茶色い革の間に押しピンを入れて、壁につけました。

エアプランツ（チランジア）の
簡単な育て方

エアプランツという通称で親しまれているチランジアは、土がなくても生きていける植物です。100円ショップなどでもよく見かけますね。
エアプランツは、空気中の水分を吸って生きていて、水やりなしでいいと思っている方も多いのでは？ 実は、私も買ってきては、ミイラにしていました（笑）。

文章にすると、エアプランツの育て方って大変！ と思うかもしれませんが、すぐにダメになることはないので、マイペースで水をあげてください。腐らないよう、根元までしっかり乾かしてあげることが、エアプランツを育てるときのポイントです。
それでは、ゆるい育て方の紹介をします。

01

エアプランツの状態を見て、週に1〜2回くらいまんべんなく霧吹きで水をかけてください（シャワーの水でもOK）。真夏、真冬は、水やりの回数を減らして。ただ、エアコンをつけた室内は乾燥しますので、回数を多めにします。

02

水やりのあとは、しっかり乾燥させることがポイント。根元の部分に水が溜まっていると腐ってバラバラになってしまうことがあるので、水気を切ってから、根元がある程度乾いたら、上向きにします。

03

旅行などで長期に水やりをしていないときや葉が乾燥しているときなど、洗面器などに水をはって1〜3時間つけておきます（いわゆるソーキング）。エアプランツは夜に気孔が開くので、夕方から夜間に行うのがよいようです。

04

水から引き揚げたあとは、根元がある程度乾くまで反対にして、その後上向きにします。春や秋など、気候のよい時期には、ときどき、外の光（直射日光はダメです）と風に当ててあげると、丈夫になるようです。

Yoko's point 置き場所は、直射日光の当たらない、明るい窓辺がいいですね。風通しも必要です。真夏、真冬は、エアコンのある部屋の、直射日光の当たらない明るい場所に置いています。エアコンの風は、直接当てないでくださいね。

バスケットとロープの簡単プラントハンガー

グリーンを吊るして飾る、最近人気のプラントハンガーを、
バスケットとロープを使って作ります。
ロープの結び方は、とっても簡単! ロープの長さも変えられます。

高さの調節も
自由自在♪

用意するもの：ロープ（太さ4mm×長さ6m）、バスケット、ワイヤー、3〜6cmの筒状の瓶など（ワイヤーを丸めるため）、ペンチ、ハサミ、セロハンテープ

01

吊るすためのバスケットを用意。足がついているバスケットは、樹脂のカバーを抜いてから、ペンチで針金の足をカットします。

02

キーホルダーについているようなリングでもOK

ワイヤーで、ロープをひっかけるリングを作ります。3〜6cmの筒状のものに、2〜3回巻いて、ペンチでカットします。端はねじってとめます。

03

6mのロープを3等分にカットします。カットする部分（2カ所）に、セロハンテープを巻いてからカットすると、ロープの先がほどけなくなります。

04

ロープを半分に折り、折った部分をリングにかけて、ロープの端をまとめて写真のように通します。

05

ロープを2本取りにして、リングから15cmくらいで玉結びを作ります。結び目に、あらかじめマスキングテープやマジックで印をつけておくと便利です。

06

バスケットを3等分にして、そこに内側から2本取りのロープを通します。通したら先端を玉結びにしておきます。

07

軸になるロープ
玉結び②
先端の玉結び

内側のロープを軸にして、端から15cmくらいのところに外側のロープの端を引っ掛けて、写真のように玉結び②を作ってください。

08

できない！と思ったら、バスケットのところで玉結びしてもOK

軸になるロープ
玉結び②
先端の玉結び

玉結び②の上に、先端の玉結びをもう1回結びつけます。これで軸になるロープの上で、結び目がスライド状に動かせます。

09

〈08〉で、玉結びのところで長さが調節できるようになりました。同様に3方向のロープが結べたら、吊るして、バランスを見て出来上がりです。

地味なプラスチック植木鉢が
こんなに"男前"になりました♪

プラスチック植木鉢をリメイクする

お庭やベランダの隅にゴロゴロしているプラスチックの植木鉢。
捨てようか迷ったら、ペイントしましょう。
意外ともってこいです。いまどきのフラワーポットに変身!
手描きでもよし、苦手な人はパソコンでプリントアウトして転写してもOK。

用意するもの：プラスチックの植木鉢、ペイント、アクリル絵の具、細筆、刷毛、文字の原稿、カーボン紙、マスキングテープ、鉛筆

Yoko's point 思い通りに描けなくても大丈夫。それもかわいいです。もちろん転写しないでフリーハンドで描いてもOK。なんといっても、プラスチックなので軽く、ハンギング用のポットとしてもおススメです。

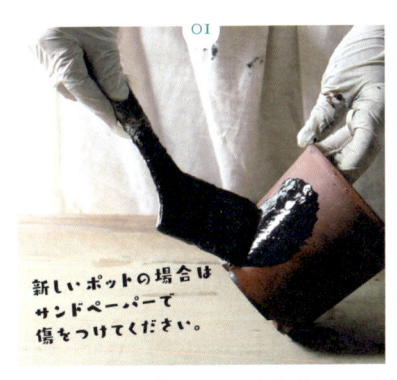

01

植木鉢は洗って乾かしておきます。使っている間に小さな傷がついていて、ペイントが定着しやすくなっているので、そのまま塗っていきます。

02

全体に塗り、乾かします。ムラなく塗れていない場合は、乾いてからもう一度塗ってください。

03

乾いたら文字入れ。お好きな書体を選んで、パソコンでプリントアウト。位置を決め、カーボン紙を挟んで貼りつけ、上から鉛筆などでなぞります。

04

アクリル絵の具を細筆につけて、植木鉢に転写された文字をなぞっていきます。文字が乾いたら出来上がり。

灰皿でオシャレな
天秤ばかり

ブリキの灰皿と
チェーンを使って、天秤ばかりを作ります。
鉢受けとしてもかわいい灰皿ですが、チェーンをつけると
はかりのようになって、よりオシャレなインテリアになります。

用意するもの：ブリキの灰皿（直径20.5㎝）、アイ
アンフックチェーン（ロング3本）、穴を開ける釘
かキリ、金づち、ラジオペンチ

01

穴を開ける3カ所に印をつけます。

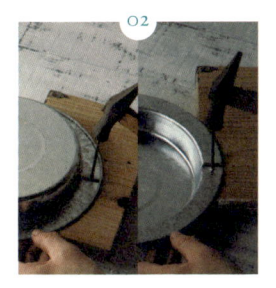

02

釘を金づちで叩いて穴を開けます（左）。穴が開いたら表に向けて、穴の形を整えるため、開いた穴の位置にもう一度釘をさして叩きます（右）。

03

バリ（ギザギザ）が出ていると危ないので、金づちで叩いて平らにします。

04

チェーンの片側のSカンを、ラジオペンチで挟んで外します。先は伸ばし気味にしておきます。

05

灰皿の表側から、チェーンの先を穴に通します。

06

チェーンの先は抜けないようにラジオペンチでねじってとめます。

07

3カ所すべてにチェーンを通します。

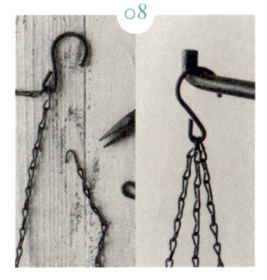

08

チェーンの反対側の先はSカンをラジオペンチで外し（左）、1本のSカンに先をねじってとめ、ひとつにまとめます（右）。

09

バランスを見て出来上がりです。

コウモリランを流木の壁掛けでアレンジ

コウモリランは、他の木や岩石などに
くっついて生活する着生植物なので、板に活着させることで、
壁にかけてディスプレイすることができます。
流木に着生させて、壁に掛けて楽しみます。

用意するもの：コウモリラン、流木、ミズゴケ、麻ひも（ビニールのひもや、銅線でもOK）

Yoko's point 海で拾った流木は、バケツの水に1週間ほど浸けて塩抜きした後、乾かしてから使ってください。

01

流木の板に1〜2カ所穴を開けて、壁に掛ける部分を作っておきます。穴を開けずに、三角金具を取りつけたり、流木にもともと穴があれば、それを利用するのもOK。

02

滑り止めと飾りとして小さな流木を、裏側からビスでとめました（木の棒でもOK）。コウモリランを、麻ひもでしっかり縛りつけるだけでも大丈夫です。

03

次にコウモリランのミズゴケを作ります。根についている土を取ります。かなりの量の土を取っても、大丈夫です。

04

少しきつめにミズゴケの水を絞って、土の周りに押しつけるようにして、苔玉を作っていきます。繰り返しミズゴケを貼りつけていき、丸くします。

05

コウモリランをつける場所に、絞ったミズゴケ
を押すように薄く貼りつけます。

06

貼りつけたミズゴケの上に、苔玉にしたコウモ
リランを押しつけるようにして置き、絞ったミズ
ゴケを足しながら、山のような形にします。

07

ミズゴケを盛ったコウモリランを、流木の板の
裏まで麻ひもを何回も回して、縛りつけていき
ます。コウモリランやミズゴケが落ちないように、
きつめに縛ってください。

08

最後に、麻ひもを結びます。麻ひもだけでは、
腐ってコウモリランが落ちてしまう場合もあり
ます。ビニールのひもや銅線を、最後に巻いて
おくと安全です。

Yoko's point しっかり水をあげたら、しば
らくは日陰に置いて管理してください。コウモリ
ランの根が板に入り込んで着生したら、麻ひ
もを外しても大丈夫です。水やりは、板ごとバ
ケツの中の水に浸けるか、じゃぶじゃぶとジョ
ウロであげてください。

セメントプランターを作る

カッコイイ系インテリアに合うセメントプランター。
まずは、基本のキの、セメプラの作り方です。難しそうに見えますが、意外と簡単。
サイズの違うプラスチックの容器を2つ重ねて作ります。

無機質な質感が
たまらない♪

用意するもの：ミックスセメント（家庭用モルタル、早く乾燥する
ものは、速乾セメント、速乾モルタルなど）、サイズの差が大きい
プラスチックのコップ2個、使い捨てゴム手袋、容器、ヘ
ラかスコップ、おもりになるネジ等、カッターナイフ、ラジオ
ペンチかペンチ、ミョウバン
※ミックスセメントは、速乾と書かれたものを使うと、本当に早く固まります。

01

ミックスセメントの量は、大きいサイズのコップの7〜8分目です。水は袋に書かれた分量を参考にしてください。

02

容器にミックスセメントを移し、水を入れて手早くかき混ぜてください（速乾と書かれているものは、特に作業を早く）。

Yoko's point　セメントは水の量が多いと、固まるまでの時間が遅くなります。たくさん混ぜると、滑らかな仕上がりのセメントプランターができます。混ぜるのが少ないと粗削りな風合いに仕上がりますが、混ぜ方が足りないと、セメントが崩れてしまうので注意してください。

03

練ったセメントを大きなコップに入れ、空気を抜くため、コップの底を軽くトントンとテーブルに叩いてください。

04

小さいコップを中に沈めます。浮いてくるので、おもりのネジを入れて調整します（小石でもOK）。入れ過ぎて底につくと、穴が開いてしまうので注意。

05

微妙なところの調節が難しいので、マスキングテープでとめます（おもりを使わず、接着テープだけで調整してもOK）。

06

底に穴を開けたい場合は、半乾きのところで、中のコップを外し、ストローを突っ込んでください。半乾きの時間は、種類や季節、水の分量などで違います。

07

ミックスセメントが固まったら、中に容器がある場合は先にラジオペンチなどを使って剥がし、次に外側をカッターナイフを使って剥がしてください。

08

出来上がりました。リムの部分が少しいびつですが、これもハンドメイドの味ということで、よしとします。

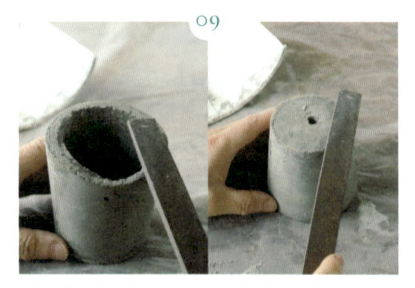
09

10

ざらざら感が気に入らない場合や危ない場合は、鉄やすりや、粗めのサンドペーパーでこすってください（左）。底の安定が悪い場合も、やすりで調整してください（右）。

このまま植えると、セメントがアルカリ性のため枯れてしまいます。しっかり乾いてから、ミョウバン水に浸してアルカリ性を中和させます。ミョウバンの量は、水の量の1％を目安に少し多めで。1週間以上浸します。

バスケットでセメントプランター作り

01

用意するもの：バスケット以外は、コップのセメントプランターを作ったときと同じ（64ページ参照）。

コップのときと同様にセメントを練ったら、バスケットの網目にも入るように塗っていきます。内側も塗ります。セメントは少しゆるめの方が塗りやすいです。

02

03

04

塗れたら乾かします。バスケットに穴を開けたい場合は、穴に棒などを突っ込んでおいてください。

乾いたら（半乾きでもいい）先ほどより少し硬めに混ぜ合わせたセメントを、上から塗っていきます。

塗れたら、1日乾かした後、ミョウバンを少し入れた水に1週間以上浸けます。その後、水で洗って出来上がりです。

セメントを塗るときに、模様をつけると独特な風合いが楽しめます。植物に合わせてプランターを選んでも楽しいですね。

フリマで買った子ども用の長靴に、ボンドを塗ってからその上からセメントを塗ったユニークなプランターです。

多肉植物のタワーを
ブリキのポットでDIY

海外のサイトでもよく見かける
多肉植物のタワーをブリキポットで作ります。
アンバランスに積んだポットのタワーが
なんともキッチュでかわいいです。

用意するもの：ブリキのポット4個、円型支柱、細い針金（番線でもOK）、ペンチかラジオペンチ、釘かキリ（穴開け用）、金づち、ドライバー

01 円型支柱を分解します。輪の部分を、ペンチでカットして支柱から外します。

02 片側のキャップだけ外します。輪の部分をとめていたペグも抜きます。
※このペグは後で4個使用します。

03 先の部分にのりがついていてペグが抜きにくい場合があります。ペグをペンチで挟み、やさしく回して外してください。

04 まずどんなタワーにするか、シミュレーションします。ポットをずらし気味に積むと多肉植物も植えやすくかわいく見えます。

05 シミュレーションでイメージができたら、支柱棒を通す大体の位置に、マーカーで印をつけて裏から釘などで、穴を開けます。

06 大きな穴とは別の場所に、釘などで水抜き穴を数カ所開けます。ブリキのポット4個とも、同じ方法で穴を開けてください。

07

一番上になるポットに上から支柱棒を挿しこみます。下からペグを棒に通してポットのお尻の位置まで持ってきたら、ワイヤーをペグに通します。

08

ワイヤーをペグに通したら、ワイヤーの先2カ所を、ポットの底の水抜き穴2カ所に通します。そして中に通したワイヤーをまた外に出し、棒にぐるぐると巻いて固定します。

Yoko's point ポットを支柱棒に通して重ねるだけでもタワーはできますが、ペグと針金で固定するのはポットがくるくる回るのを防ぐためです。

09

4個重ねて固定したら、土が入った植木鉢に差して立たせます。土台になる植木鉢の中の土は、古くて硬くなっているほうが、タワーを固定しやすいです。固定できない場合は、レンガや石などで補強してください。

10

各ポットに鉢底石（パミス）を入れてから、土を入れます。いろいろな種類の多肉植物を用意して、各ポットに植えていきましょう。

11

小さな多肉植物は、ピンセットで植えてあげて。セダムなどお庭で増えている多肉植物をカットして植えてもよいですね。

ペイントしたブリキのポットを
タワーにしてみました。
う〜ん、かわいい♪ と絶賛自画自賛（笑）。
ペイントする場合は、タワーにする
前にペイントしてください。

浮かんだように見えるリメ缶はまさにインスタ映え。ボケを強くすると一層浮かび上がった印象に。

古道具の秤をうまく利用したスタイリング。缶だけのインテリアよりも楽しさがアップ。

定番のテーブルスタイリングです
が、壁の前に古いドアや鉢植え
を置くことで奥行き感がアップ。

ジャンクガーデンのユニークなアイテムたち

我が家のジャンクガーデンには、さまざまな多肉植物が植えられています。ジャンクとは、不要になった物、ガラクタのことですが、ジャンクガーデンには「もったいない」という意味も込めら

れています。お払い箱寸前の、道具や雑貨などに植えることで、これまでとは違うグリーンとのコラボレーションを楽しめます。捨てる前に、植木鉢に使えないか考えてみるのも楽しいですよ。

お払い箱になった鳥かごも、多肉植物の楽園になりました。多肉植物を飼っているようです。

飯ごうの隣は正体不明のサビサビ鉄の塊。この錆びも、ジャンクガーデンと相性がいいんです。

工場で使われていた直角が気持ちよい鉄製のマス。底に穴が開いていたのでセダムを植えました。

バケツはジャンクガーデンの定番。捨てられず救い出された道具からのぞくグリーンに癒されます。

古い排水管をペイントしました。上の口にはワイルドストロベリーを、下にはセダムを植えました。

昭和のガスコンロを使ってスタイリング。朽ちていく錆びやその様子さえもオシャレな印象です。

家の中には、グリーンと
相性抜群な小物がいっぱい

家の中にも探せばかわいいジャンクが隠れています。
使わなくなった子どものミニカーだって、ちょっと工夫すれば多肉植物のリメ鉢に!
工作を楽しむように、いろいろなものをリメ鉢しましょう。

ミシンのボビンを車輪に使って、ボディーはワインのコルクです。ミルクピッチャー鉢と並べて。

ミニカーに植えたら、こんなにかわいい車ができました。

なんとこれはオムライスの型。上下逆さにして利用しています。

ゼリーの型に植えたものを、100円ショップで手に入れたミニチェアーにのせました。

Chapter
03
Arranging Hydroponics

水栽培をスタイリング

アンティークのジャーやカップ、
ジャムの瓶を使って水栽培を楽しみましょう。
インテリアに合わせて
組み合わせが楽しめます。

部屋中が、ヒヤシンスの
香りに包まれます♪

ヴィンテージの
メイソンジャーで
ヒヤシンスの水栽培

メイソンジャーとは、蓋のついた
密封できるガラス容器のこと。
ヴィンテージのメイソンジャーと
ワイヤーを使って簡単なヒヤシンスポットを作り、
ヒヤシンスを水栽培してみましょう。

用意するもの：メイソンジャー（空き瓶やコップでもOK）、ヒヤシンスの球根、針金、ラジオペンチ、瓶か缶

Yoko's point 球根が水に触れるとカビが生えてしまいます。根は水を探して伸びるので、根が少し伸びたら水は少し控えめに入れるのがポイントです。

01

ワイヤーを1m50cm程度にカットして、球根を乗せるのにちょうどよいサイズの瓶や缶などに、2回ほど巻きつけねじってとめます。この段階でワイヤーは切らないでください。

02

ワイヤーの端を、輪の中に回し入れてねじ入れ、写真のように4等分したところに6〜8cmの足を作ります。最後に針金をカットしてねじってとめます。

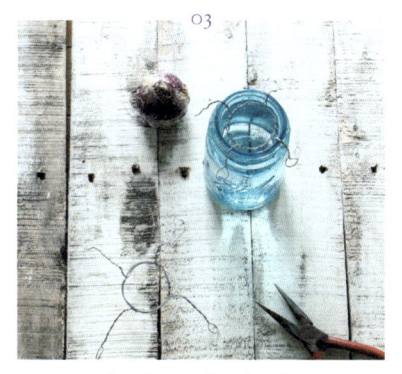

03

ワイヤーの輪の部分を少しだけ沈めて足を瓶の口に掛け、瓶にそって外側に折り曲げます。

04

球根を乗せます。根が伸びるまでは、暗くて涼しい場所に置きます。根が少し伸びたら球根のおしりが直接水に浸からないよう、水位を下げてください。

家にあるものは
何でも活用しちゃいます♪

スパークリングワインの
金具を使ってムスカリの
水栽培に挑戦

スパークリングワインの金具。
何かに使えないかと見ているうちに、
球根を乗せる台に見えてきました。
ムスカリの球根を使って、
水栽培に挑戦しましょう。

用意するもの：ムスカリの球根、スパークリングワインの金具、ジャムの空き瓶等、ラジオペンチ

Yoko's point 根がしっかり伸びたら、窓際の明るい場所に置いてください。葉が伸びていきます。カビが生えたりするので暖房のない場所に置いてください。

01

スパークリングワインの金具は、キャップ部分を外します。逆さまにして金具の出ているところを折り曲げます。

02

ジャムの空き瓶などに引っ掛け、金具の中央に球根を置きます。水は球根のお尻すれすれにして、暗い場所に置いてください。

03

根が少し伸びて来たら、球根と根の隙間を空けるように、少し水位を下げてください。水替えは1週間に1回程度でOKです。

04

根がしっかり伸びてきたので、明るい場所に移動しました。球根の名前を忘れないように、ラベルを貼っています。

食卓に、ヒヤシンスを
入れたアンティークの
ジャムポットを。

アンティークの陶器のジャーに
ヒヤシンスを飾ってみました。

アンティークのキャニスターに
入れたヒヤシンス。
ベストマッチですね。

手持ちのグラスも、
ヒヤシンスのポットに。
さわやかでステキ。

ちょっと欠けてしまった
お気に入りのカップも、
ヒヤシンスのポットとして再利用。

まるでパウダールームで撮影したかの
ようなイメージカット。アンティークの
鏡がエレガントさを醸し出しています。

自分色に塗って
世界にひとつだけの
試験管立てに♪

試験管立てをペイントして
多肉植物を水栽培

100円ショップで手に入る試験管セット。
試験管立てを自分色にペイントして、
試験管で多肉植物の水栽培を楽しみます。

用意するもの：試験管、試験管立て、アクリル絵の具またはペイント、筆、多肉植物

01

アクリル絵の具、またはペイントで色を塗ります。

02

乾かします。

03

多肉植物を入れたら出来上がり。葉っぱの部分に水が触れないように注意してください。

Yoko's point 白木のままでもかわいいですね。

水栽培のヒヤシンスの
花が終わったら

キレイに咲いてくれた水栽培のヒヤシンス。水栽培で育てたヒヤシンスは、養分を相当使ってしまっているため、一度咲くと終わりだと言われています。花が終わったら球根はどうすればいいのでしょうか。
私は、ダメもとで庭のプランターに埋めています。そのまま地球に帰っちゃうコもいますが、中には次の年に花を咲かせてくれるコもいます。私のところでは、ピンク色の花のコが復活してくれることが多いです。前に比べると花は小さいけど、それがまたかわいいねん♪
次の年は姿を見せなくても、2〜3年後に、復活してくれるコもいます。埋める場所があったら、捨てずに植えてあげてくださいね。

咲き終わった花は、根元の方でカットします。

プランターの土に穴を掘ります。

あとは埋めるだけです。

前年に植えた花後のヒヤシンスの球根です。花が見えていますね。

Arranging Dried Flowers

ドライフラワーをスタイリング

庭で育てたお花やいただいたお花を、
ドライフラワーにしましょう。
ドライにする時間が長くなるにつれて、
色や風合いが生まれ、
生花とは違った味わいが楽しめます。

アナベルをドライフラワーにする

アナベルは紫陽花の種類のひとつです。
毎年、庭に咲いたアナベルを
自転車のかごいっぱいに収穫しています。

たくさん咲いたアナベルの花が、7月の第2週目頃に白からライムグリーンへと変化します。花弁がポテッとしてカサカサしてきたら、さぁ、収穫です。アナベルの場合、次の年の春に伸びた枝先に花をつけるので、バッサリ切っても大丈夫です。

他の紫陽花と違ってアナベルの花は、立ち枯れにされても次の年にたくさん花芽をつけます。挿し芽でもつきやすいそうです。アナベルのドライフラワーは、置く場所によっては、1年後でもまだグリーンを保っているものもあります。

Yoko's point

冬の間に、もっと短く剪定しても大丈夫です。早春に新芽が出てきますので、12月までに剪定してください。

晴れの日にカットして室内に吊るすだけです。雨が降った後にカットしたときなどは、一晩エアコンをかけたりします。

1週間程度でドライになっていますので、確認してから下ろしてください。直射日光のあたるところで乾燥させると、茶色く変色してしまうので、屋内の太陽光があたらない場所で乾燥させています。

1年後変色したアナベルのドライ。年を重ねていくうちに、アンティークの色の深みが出てきます。はちみつ色のアナベルの方がお好きという方もいます。

アナベルの育て方

アナベルは、簡単にドライになるので、「苗から育ててみてください」とお伝えしています。5月頃に花屋さんで苗が売られています。お近くの花屋さんで見かけない場合は、ネットショップで探してみてください。比較的安価で手に入り、育てやすい品種です。

01

庭に植えたアナベルにたくさんの蕾がつきました。最初はすがすがしいライムグリーンです。

02

花が開くにしたがって、グリーンから白に変わります。小さな花をいっぱいにつけ、まるく咲きます。

03

株が大きくなってくると、支えだけでは不十分なので、麻ひもでアナベルの周りを囲み、端をフェンスに結びます。

04

フェンスなどがない場合は、ぐるりと一周ひもを回すだけでも、倒れにくくなります。回すときはできるだけゆるく。きつく縛ると、花が枯れてしまいます。

05

7月の中頃、アナベルの花の色がすべてライムグリーンに変わりました。グリーンのガクが、カサカサしてぽってりしてきたら、カットしても大丈夫です。

Yoko's point 鉢植えでも、たくさんの花をつけますが、紫陽花は水が大好きですので、水枯れには注意してください。

アナベルを
挿し木で増やそう

生育が旺盛なアナベルの挿し木は、意外と簡単。紫陽花の挿し木は、「梅雨の時期がいい」と言われるので、6～7月かと思っていましたが、調べてみると、8月や2月と書かれているものもあります。根が出てくるまでの間は、特に水切れに注意しましょう。

Yoko's point 園芸店で売っているメネデール（活力剤）を水に少し入れると、成功率が上がるそうですが、私は使わなくても大丈夫でした。

01

伸びた枝を長めにカット。枝の節の下をハサミやカッターナイフで、斜めにカットします。2節残して、さらにカットします。

02

長い枝は、1本から3本挿し木ができます。下の葉は、取り除きます。花がある場合は、水揚げして花瓶に挿してください。

03

カットした枝は、水に挿しておきます。数時間くらい日陰に置いておきます。

04

水で湿らせた、赤玉土か鹿沼土に挿し木します。節が土に埋まるような感じです。水切れに注意して、日陰か半日陰に。
※鉢底に水を張った皿を置くといいです。

05

約1カ月で根が出ます。2カ月ほど過ぎたら、日当たりのよい場所か半日陰で地植えにしてください。大きな鉢に植えてもよいです。

Yoko's point カットしたアナベルは、瓶などに挿して楽しんでください。

お友達とのティータイムが
さらに楽しくなります♪

ミモザの
簡単フライングリース

ミモザを使って、ふわふわな
フライングリースを作ります。
フライングリースとは、天井から吊るすリースのこと。
空間を利用して飾るリースは、
どこからでも眺められます。おまけに、このまま
吊り下げておくだけでドライフラワーになります。

用意するもの：ミモザ、リース台、チェーンつき
フック、長さを伸ばすためのチェーン

Yoko's point ひもやテグスを使うよりも、チ
ェーンつきフックを使うとバランスよくフライン
グリースを吊るすことができます。

01

バランスを見ながら、ツルの3
カ所にチェーンのフックを引っ
掛けます。ツルが太くて挟み込
めない場合は、針金や糸など
でとめてください。

02

長さを伸ばすためのチェーン
を掛け、吊るしてバランスを見
てください。

03

ミモザの花の部分を5～13cm
にカットして使います。360度
どこから見られてもいいよう、
ミモザは多めの量を用意して
ください。

04

ミモザをツルに挟み込んでい
きます。挟めない場合は、グル
ーガンや木工ボンド、ワイヤー
でとめます。吊るした方が作り
やすいです。

05

適当に裂いてカットしたリネン
に、布用のスタンプを押したラ
ベルを作ります。

06

バランスを見ながら、リースの
適当な位置にとめるとオシャ
レ度アップです。

フウセンカズラを
丸めるだけのドライフラワー

紙風船のような愛らしい実をつけるフウセンカズラが大好きで、毎年、春に種を蒔いて育てています。つる性の1年草ですが、秋には、たくさんの種が取れます。
来春に忘れずに種を蒔くため、私は秋になるとフウセンカズラをリースにして玄関に吊っています。くるくる丸めてリースにしておくだけで、自然とドライになっています。

01

フウセンカズラは、夏には小さな白い花を咲かせ、そのあと11月頃までかわいい緑色の風船のような実をたくさんつけます。実が茶色くなってきたら、来年に蒔く種ができています。

02

秋になり実も茶色くなってきたら、ツルをばっさり取り、くるくる丸めてリースに。来年の種になるのは茶色になった風船ですが、色のキレイな緑色の風船も一緒に丸めます。

03

丸めてから2週間ほど経過したリースです。ドライになり、少しずつ色も変化します。種を蒔く春まで吊り下げて、気温がしっかり上がる4〜6月が蒔きどきです。

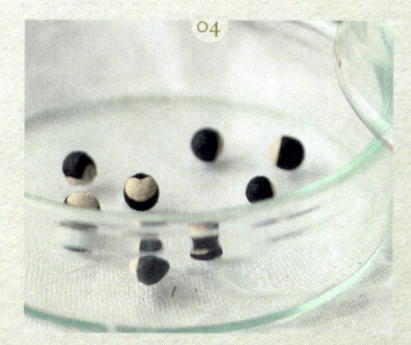

04

風船をやぶって種を出します。ミッキーマウス？おサルさん?? 種も愛らしくて、なんとハートのマークです♪ このハート模様のかわいい種は、しあわせの種と呼ばれています。

ほったらかし
ドライフラワーも飾れば
こんなにオシャレ♪

クリスマスローズの
簡単スワッグ

束ねて吊るすだけのドライフラワーの「スワッグ」。
スワッグとは、ドイツ語で壁飾りの意味のようです。
お庭や道端の草花を使って、ブーケのような
小さめのスワッグを作ります。
今回は庭に咲いているクリスマスローズを使います。

用意するもの：クリスマスローズ、庭で咲いている草花などのドライフラワー、ハサミ、輪ゴムかひも、ワイヤー、ラフィア

緑色になったクリスマスローズをカットして、数本ずつ輪ゴムやヒモで束ねて、室内で吊るして乾かします。完全に乾いたら出来上がり。

お庭や道端に生えている使えそうな草花をカットして、1週間程度（それ以上でも）吊るし、ドライフラワーにします。

高低差をつけながら、組み合わせます。私のオススメは、ワイヤープランツ。枝の暴れ具合が、スワッグに変化をつけてくれます。

茎は同じ長さで、バッサリ切らずに、1本1本の長さを少しだけ変えてカットします。ワイヤーや麻ひもを輪にして、壁に吊るす部分を作ります。

アクセントに、ラフィアをリボンにして結んで出来上がりです。壁に吊るして飾ります。ドライになるとグリーンから、アンティークピンクに変わる花もあります。

ユーカリポポラスの
葉っぱにスタンプをポン!

布用のスタンプパッドを使用して、スタンプを
押しました。

そのままでもいいのですが、乾くと反りの出て
くるものもあるので本の間に挟んで、軽くプレ
スします。1日から数日で、出来上がり。

コアラが好きな植物、ユーカリですが、お庭のシンボルツリーとして人気ですね。たくさんの種類がありますが、その中でひとつ選ぶとするなら、まるいハートの形の葉っぱがかわいい、ユーカリポポラスです。

地味な緑色なので、"シルバーリーフ"と呼ばれるハートの葉っぱがかわいくて、スタンプを押して、プレゼントのラッピングに添えています。ほんの小さな心配りですが、受け取った方が見て、「かわいい♪」って笑顔になるのが、うれしいです。

束ねて吊るしてスワッグにすると、すぐにドライになり、お部屋のオシャレ度もアップします。

以前カットして吊るしていた、キングプロティアやバンクシアがド
ライフラワーになりました。蒸し暑い時期はドライフラワーを作る
のには向きませんが、夏は室内にエアコンがかかっているので、
すぐにドライになるのです。屋外や窓辺だと退色が激しいので、
室内の暗いところに吊るしたり、飾ったりしてください。

Making Items That Go Well
With Succulent Plants

多肉植物に似合う
アイテム作り

バーベキューで活躍した焼き網や、
目玉焼きを作った後の卵の殻を使って、
多肉植物に似合うアイテムを作ります。

かわいい
"タマカラ多肉"を手作り

小さな卵の殻から覗く多肉植物と目が合うと、
なぜだか心がほっこりと癒されます。
卵の殻は割れやすいので、やさしく扱ってくださいね。
ここが一番のポイントです。

鳥の巣にちょこんと乗った卵の殻から、
多肉植物がのぞいています♪

用意するもの：卵の殻、キリか竹串、木工用ボンド、筆、固まる土ネルソル（花の土でもOK）、多肉植物、ピンセット、サンキライボール、ヤシマット、番線またはワイヤー、ボウル、スプーン（混ぜる物）

Yoko's point 卵の殻の中の薄皮は、剥がせる場合は剥がし、無理ならそのままでもOK。

01

卵の殻（以下、タマカラ）は、置くときに安定するよう、丸みのあるほうを下にします。尖ったほうを、軽くコンコンとして割り、水洗いして、乾かします。

02

水性ニスやマニキュアのトップコートでもOK

タマカラを丈夫にするために、木工用ボンドを筆で塗ります。塗りにくければ、筆に水を含ませ伸ばして。乾いたら塗るを2〜3回繰り返すとさらに丈夫に。

03

タマカラの底に穴を開けます。竹串やキリで、内側から外に向けて2〜3mmの穴を開けてください。

04

固まる土ネルソルをスプーンなどで、糸が引くくらいまで練ります。花用の土でもよいですが、タマカラが転ぶと植えた多肉植物ごとこぼれてしまいます。

05

タマカラを乗せているのはペットボトルの蓋です

練ったネルソルを、スプーンの後ろなどを使って、ぎゅっとしっかり入れます。ピンセットと竹串などを使い、多肉植物を植えていきます。

06

サンキライボールを両手親指で押し広げます。番線かワイヤーをぐるぐる回し入れながら、巣の形に固定。ほぐしたヤシマットを敷いて、タマカラを置きます。

バーベキュー用の網で
寄せ植えバッグを作る

バーベキューの焼き網を使って、多肉植物いっぱいのバッグを作ります。
多肉植物は蒸れに弱いので、水やりのタイミングが難しいですね。
この寄せ植えバッグは、ヤシマットを使って吊るしているので
土が乾きやすく、根腐れがしにくいのが特長です。

用意するもの：数種類の多肉植物（カットしたものを使いますが、根のついた苗でもOK）、足つきのバーベキュー
用の網、アイアンの数字のナンバー、ヤシマット（ハンギング用が手に入りやすい）、網を折り曲げるのに使う板、
園芸用の土、スコップ、ペンチ、ラジオペンチ、ワイヤー、ハサミ、ピンセット、アクリル絵の具、筆、ハガキ

01

網の光沢を抑えるため、コンロの火で網を炙ります。ピカピカした感じが、くすんだ感じになればOKです。

02

コンロで焼いた網の真ん中あたりに板を置いて、板をしっかり左手で押さえ、右手で網を折り、バッグの形にします。

03

ナンバーをワイヤーでつけて、ねじってとめます。これは飾りなので、お好みで好きなものをつけてください。

04

両脇をワイヤーでジグザクに編んでいきます。始めと終わりは、ねじってとめておきます。

05

持ち手の部分に、アクリル絵の具を塗ります。
※水はつけないほうが、塗りやすいです。

06

ヤシマットは、適当なサイズに切ってほぐし、底に敷きます。割り箸などで押し込んでください。

07

ハガキ（もしくは厚紙などでもOK）を真ん中に入れて、その前後に、ヤシマットを敷き詰め、土を入れるためのポケットを作ります。

08

ハガキを抜いて、ポケットになった部分に土を入れます。土も、割り箸などを使って、ぎゅっと押し込んでください。

09

多肉植物をピンセットで植えていきます。植え終わったら、土を口のところまで足してあげて出来上がり。

アイデア次第で
あらゆるものがポットに変身

お土産にいただいたおせんべいの缶。
おいしくいただいた後は、これも立派なリメ缶の材料になります。
ペンキ缶はもちろん、蓋だって何か作れないかとジッと見ていたら、
おしゃれなポットになりました。
こうしてみるとリメイク出来ない道具なんてひとつもありませんね。

ペンキ缶の蓋です。蓋より少し大きめに網をカットして、蓋の後ろに曲げます。蓋の溝に網を織り込み、ワイヤーを通す穴を開ければ出来上がり。

お菓子の缶をボコボコ叩き、ペイントしたら、どこか愛嬌のある"へちゃ缶"に。缶の底に英字新聞を貼ったり、いろいろ工夫できます。自然にできるサビもいい味を出しますよ。

消防ホースを使ってバッグを作りました。とても丈夫なので縫うことができません。知恵を絞って見つけたのが、割りピンを使うこと。消防ホースなだけあって完全防水ですが、隙間から水は漏れるので、鉢にはちょうどよい。仕上げに消しゴムはんこを押しました。

お友達にプレゼントしても、
喜ばれそうですね。

タマカラ多肉を
アレンジして、
イースターエッグに

カラフルなタマカラをいっぱい作り、
多肉植物を植えて、イースターを楽しみましょう。
卵の殻を破って出てきた多肉植物ちゃんが、
イースターをイメージしています。

用意するもの：卵の殻、キリか竹串、木工用ボンド、筆、固まる土ネルソル（花の土でもOK）、多肉植物、アクリル絵の具、メラミンスポンジ、古い切手やスタンプなどタマカラを飾るもの、ピンセット、ボウル、スプーン（混ぜる物）

Yoko's point 🖌 タマカラに木工用ボンドを重ね塗りするのは少し面倒ですが、強度をつけておくと多肉が成長しても割れにくいので、長い間楽しむことができます。

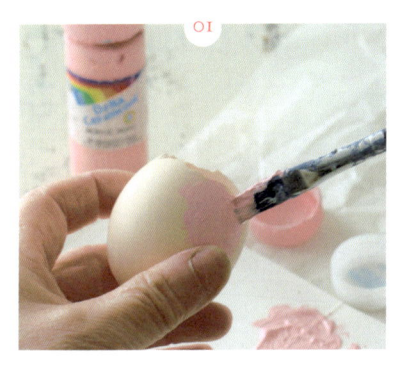

01

多肉植物を植えるための穴を開けたタマカラに、アクリル絵の具を塗ります（穴の開け方は108ページ参照）。アクリル絵の具は、水性ですが乾くと耐水になります。刷毛ムラが残っても、気にしない。

02

メラミンスポンジは
スポンジや布でもOK。

タマカラをしっかり乾かします。ドライヤーの送風を使って乾かしてもOKです。乾いたら、アクリル絵の具をメラミンスポンジで、ポンポンと押しつけて表情をつけて乾かします。

03

タマカラを壊さないように
スタンプはやさしく押して。

古い切手などをアレンジして、木工用ボンドで貼ります。乾いたら、好みでスタンプを押します。スタンプパッドは、インクが乾いたら耐水になるものを使ってください。

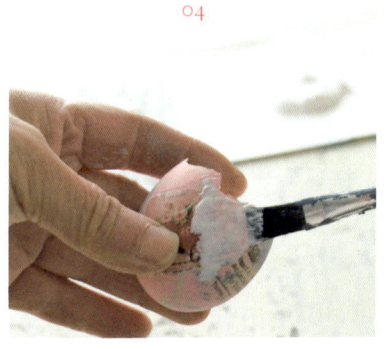

04

装飾がしっかり乾いたら、仕上げに木工用ボンドを塗ります。乾いたら、水抜き用の穴をキリか竹串で内側から2mmくらい開け、固まる土ネルソルを入れて多肉植物を植えて出来上がり。

ラフィアをリボンに使って、
クリスマスっぽく♪

ザルを使って
クリスマスミニリースを作る

100円ショップで手に入る小ぶりのザルを使って、
多肉植物のリースを作ります。多肉植物の苗は
いろいろな種類を使って華やかにしましょう。
多肉植物はハサミで適当な長さにカットして、
そのまま挿して使用することもできますし、
リースに合う大きさの多肉植物を選んでもOKです。

用意するもの：数種類の多肉植物、直径約18cmの小ぶりのザル（底に台のついているもの）、固まる土ネルソル、金切りハサミかニッパー、ラジオペンチ、ハサミ、ピンセット、アクリル絵の具の黒、筆、細い針金

Yoko's point 少し大きな苗で、カットしたら切り口がベトベトするものは、雑菌が入らないように、2〜3日乾かしてから使用してください。

01

鉄が切れるハサミで、ザルの底を切り取り、ラジオペンチで端を曲げて、危なくないように処理します。輪の部分を押し上げて、ドーナツ型にします。

02

針金をザルに通して、吊るす部分を作り、アクリル絵の具で縁と輪の中心を塗ります。ネルソルの落下防止のため、ワイヤーを2〜3cmの間隔で回してとめます。

03

固まる土ネルソルを水で練り、ドーナツになった部分にしっかり入れます。土を入れると、ワイヤーは隠れます。

04

根のない多肉植物は植えにくいので、お尻の部分に2〜3cmにカットしたワイヤーを巻きつけ、土に挿す部分を作るといいです。

05

カットした多肉植物を、ピンセットや割り箸を使って植えていきます。中心を決めて植えていくと、やりやすいです。

06

吊るす場合は、ネルソルが固まるまで3日ほど置いてください。多肉植物が少ししおれてきたなと感じたら、霧吹きなどで水をあげてくださいね。

かわいい多肉植物の、
気球リースです♪

しめ縄と
ラタンボールを
アレンジした
お正月リース

既存のしめ縄とラタンボールで、
多肉植物をアレンジして
オリジナルのお正月のリースを作ります。
少し手を加えるだけで、
見違えるような出来映えに！

用意するもの：数種類の多肉植物の苗やカットしたもの、しめ縄飾り、ラタンボール（大・小）、固まる土ネルソル、ココヤシマット、ワイヤー、ラジオペンチ、ハサミ、ピンセット

Yoko's point 🖌 しめ縄飾り、ラタンボールは、100円ショップで手に入ります。

01

しめ縄の松ぼっくりとフェイクの松は、そのまま使います。シンプルなものを選んだほうが、作りやすいです。

02

小さいラタンボールを、2〜3cmの厚みになるくらい平らに押します。中央にワイヤーを通しておきます。

03

大きいラタンボールは、中を押し広げ、ワイヤーでざっくり編んでいきます。左右に針金をつけ、端をねじってとめておきます。

04

ココヤシマットをほぐして、大小のラタンボールの中に薄く敷きます。

05

小さいラタンボールは、松ぼっくりの横にワイヤーでとめます。

06

余分なワイヤーはカットしてください。

大きいラタンボールは、ワイヤーを縄の隙間に通し、吊るしてバランスを見ながら、位置や長さを決め、ねじってとめます。

07

大小のラタンボールの中に、固まる土ネルソルをしっかり詰めて、多肉植物をピンセットで植えます。

08

吊るしてバランスを見ながら植えると、作りやすいです。ネルソルが固まるまで3日ほどおいてから、吊るしてください。

09

余った年賀状をカットして、リースにつけてみました。自分で書いたものを飾ってもいいですね。

ハートホヤに
メッセージを書いて
バレンタイン・プレゼント

バレンタインが近づくと、葉っぱがハートの形をした
ハートホヤ（別名ホヤ・カーリー）を売っているのをよく見かけます。
ハートホヤにメッセージを書いて、チョコと一緒に
プレゼントしてみてはいかがでしょうか。

原産国のタイでは、
ハートホヤを贈ると恋が
叶うという言い伝えも。

用意するもの：ハートホヤ、ミズゴケ、ガラス瓶、白の油性ペン

ハートホヤをポットから抜いて、土を落とします。写真のようにホヤの根元にヤシが巻かれていたら、まわりの土を落としてください。

白の油性ペンで、ハートホヤにメッセージを書きます。油性ペンは、使い方がいろいろありますので、使用説明書を見て使ってください。アクリル絵の具＋細筆で書いてもOKです。

部屋に置いてほしいので、土の代わりにミズゴケを使います。水に浸して軽く絞ったミズゴケを、瓶の2/3くらいまで入れてください。ハートホヤの根元にも、ミズゴケを巻きつけます。

ハートホヤを瓶に入れ、ミズゴケを割り箸などで押し込み、しっかり植えてください。アクセントに瓶の口に革を巻いたり、麻ひも、ラフィアをリボンにしてもよいですね。

Let's Take "Instagenic" Photos

インスタ映えする写真を撮ろう

リメ缶にグリーンを飾ったら、今度は撮影して、インスタにアップしてみましょう。
スタイリングと撮影のコツを覚えれば、きっと素敵な写真が撮れるはず。
実際の作品で、スタイリングと撮影のポイントを、
スタイリングプロデューサーの窪田千紘さんが教えます。

日本フォトスタイリングアソシエイション 窪田千紘／監修

🔲 Lesson 1

ボケを入れれば日常の
スナップ写真がオシャレに変身

Shooting
撮影

こちらの写真はスナップ的に撮影が可能な
基本パターン。被写体にグーッと迫って、ピン
トを浅くして周りにボケを作れば、簡単に
撮影ができます。iPhoneの場合は、ポート
レートモードで撮影をすると、あっと言う間
にこうした雰囲気の写真になります。

Lesson 2

壁の前で、主役を決めて
周りに余計な物を置かずに撮る

Styling
スタイリング

インスタ映えをはじめ、きれいな写真を撮る
場合、基本的なスタイリングは、白や茶色の
壁などの前に被写体になるアイテムを置き
ます。カメラの高さは被写体と同じにし、真
横から撮影します。このときに、まわりに余計
な物が映り込まないのがポイント。あくまで
も撮りたい被写体だけをクローズアップして
撮影します。そのとき大切なのは「主役をキ
チンと決めること」。雑貨にしても、インテリア
にしても「これを一番目立たせて撮りたい」

というものを決めます。この作品は真ん中が
多肉植物なので、それを主役と決めたら、まわ
わりはカメラの機能でボケをいれて雰囲気
のある写真にするとカッコよくなります。ボケ
は最近だとスマホカメラでも内蔵されてい
る機能なので、とっても簡単です。

Shooting
撮影

部屋の中で撮影する場合は、自然光で撮影
するときれいに撮れます。室内の電気はオフ
にして柔らかい太陽の光で撮りましょう。

📷 Lesson 3
椅子の上において
インテリアで楽しむ雰囲気に

📷 Lesson 4
集合スタイリングでカッコよく
同系色でまとめて

Styling
スタイリング

Styling
スタイリング

こちらの写真は、椅子の上に主役の多肉植物アレンジを置いているのがポイント。椅子の上に置くことで、よりインテリアで楽しんでいる雰囲気が出るので、オススメです。後ろに、ジャンクアンティークのアイテムを置くことで、写真に奥行き感が出ています。後ろをぼかして主役にピントがきっちり来ることで、プロっぽい雰囲気の写真が出来上がります。

同じようなサイズ、物を集めて撮影するとカッコよくなる「集合スタイリング」の実例です。この場合、リメ缶を集めてテイストを統一することで、オシャレ感が出ています。缶に限らず、箱、リボンなどあらゆる物に使えます。コツは色のトーンを揃えること。この作品では、ダークグレイッシュなカラーで統一しているので、全体にまとまりが生まれています。

Shooting
撮影

Shooting
撮影

屋外で撮影していますが、コツは曇りの日を狙うこと。撮影というと晴れの日がよいのでは？と思いがちですが、ちょっとどんよりした日のほうが柔らかい空気感が生まれます。

全体にピントがくるようにボケを作らずに撮影しています。被写体の特性やスタイリングによって、ボケを入れるか入れないかを臨機応変に。

窓のそばでスタイリング
窓を入れて撮影すると外国のよう

Styling
スタイリング

下の2枚は同じように室内で窓の前で撮っています。

このようにスタイリングを窓のそばでしつらえると、撮影をしたときに窓が映り込んで、外国の写真のようになります。たかはしさんの場合は、窓枠にもこだわったスタイリングをするので、一層、カッコよさが引き立ちます。左の写真のポイントは、リースを上から吊り下げている点。こうすることで、日常生活にはない華やぎが生まれています。

右の写真は、Lesson4で学んだ集合スタイリング。お金をかけずに空き瓶を様々に集め、

ヒヤシンスをじっくり育てる……という雰囲気がよく出ています。

スタイリングとしてポイントが高いのは、空き瓶の色を白中心にして、ところどころブルーを差し込んでいる点。こうすることで見た目のオシャレさと生活に対しての遊び心が表現できます。

Shooting
撮影

直射日光が差し込む日中よりも、午前中の柔らかい日差しの中で撮影するときれいに映ります。その場合、写真全体の青みを強めに出すと、よりさわやかな印象になります。

Sugar Pine 物語

「小さいことは気にせんと、ゆる〜〜く作ってみよう」との思いから、不要に
なったものをリメイクしグリーンをスタイリングする、たかはしようこさん。
たかはしさんのショップ「Sugar Pine」は、インテリア好きの人の感性を刺
激するワンダーランド。フォトスタイリストのヤノミサエさんが、たかはしさん
にリメ缶&グリーンの出合い、そして「Sugar Pine」について聞きました。

ヤノミサエ（フォトスタイリスト）／文

「Sugar Pine」の歴史は
「もぎとりセール」から始まった！

ご主人が経営する材木屋の片隅に、「Sugar
Pine」がオープンしたのは2005年のこと。もとも
とペンキ塗りやアンティークが大好きだったたか
はしさん。材木の倉庫にペンキ塗りができること、
海外のアンティークを卸している人との出会い
や古道具の市に出入りできるチャンスに恵まれ
たことなど、ラッキーが重なってのオープンでした。
同年秋、京都府の山の中でヨーロッパテイスト
の蚤の市「もぎ取りセール」が開催されました。
人気インテリア雑誌で告知されたこともあり、あ
っという間に話題のイベントに。たかはしさんは
3回目（2006年）から出店しました。アンティーク
と一緒に、海外風にペイントやリメイクしたガー
デングッズを持っていったところ好評で、2007

年のイベントからはリメ缶も販売しました。
ちょうど、女性向けのナチュラル・インテリア雑誌
『Come Home!』（主婦と生活社）が創刊された
頃で、ジャンクガーデンが広く流行する直前。缶を
ボコボコにしてペイントしたり、錆びさせたりした
リメ缶は飛ぶように売れました。リメ缶に多肉植
物を植えて見本を作ると、それを欲しがるお客さ
んが続出！家で育てた多肉植物をリメ缶に入れ
て"多肉入りリメ缶"を商品化したところ、これが
また飛ぶように売れ、リメイクガーデングッズとと
もに販売総数1万個以上となる大ヒット商品に。
11年前には、現在のジャンクガーデン「Sugar
Pine」のたかはしようこは、既に出来上がってい
たのです。

そうだ！「ロハスフェスタ」にも
出店しよう！

「もぎ取りセール」で屋外イベントへの手ごたえ
を実感したたかはしさん。身体や心に優しい、お
しゃれなエコ・ライフを発信する「ロハスフェス
タ」にも出店することを思い立ちます。2007年
10月から出店して、リメイクしたガーデングッズ
をメインに販売。以来、イベント開催ごとに、店の
テントはたくさんのお客さんで埋まるようになりま
す。たかはしさんはガレージセール開催者のお
手本として注目され、「ジャンクの神様」と呼ばれ

るように。しかし、2つのイベントで年6回の出店が続き、体力的にも辛くなってきました。そこで「もぎ取りセール」の会場が移転することを機に、「ロハスフェスタ」だけに絞るようになりました。

北海道からお客さんが
買い付けに来てビックリ！

イベントへの出店で認知度が上がり、加えてブログやネットショップなどで「Sugar Pine」を知ったお客さんが、実店舗に来店するようになりました。アンティークのインテリアが流行ってきた頃だったので、関心の高い若い人たちが、北は北海道、南は九州から買いに来たそうです。ときには「店舗の内装用に」と、リメイク家具やリメイクしたガーデングッズなどをまとめてトラックで購入されたショップオーナーさんもいらしたとか。お客さんの中には、子育て中の30代ママたちも多く、暮らしの中で安価で楽しめるリメイク雑貨やジャンクグッズを買いに来ては、たかはしさんと雑談をして帰るといった、まるでお友達のような関係になることもありました。

グリーンのある暮らしを発信して
お役に立ちたい…

たかはしさんの作ったものが、感度の高い目利きの若い人たちに支持される。それが何年も続きましたが、似たようなことをやる人も増えてきました。「イベント出店はやり尽くした感がある。こ

れからは暮らしが楽しくなる方法を伝えたい」——そんなふうに思いはじめ、ブログなどで作り方を公開するようになりました。

「現在の人気ブロガーの暮らしぶりを見ても、花ではなく植物を飾っている人が多い。それくらい植物が暮らしの中に根付いてきたと実感しています」と、たかはしさんは言います。仕事や子育てに忙しく、なかなか時間がとれないワーママたちにすれば、毎日水やりをしなくてもすぐに枯れない、それでいて生活に潤いを与える、そんな植物はありがたい存在なのでしょう。特に注目を集めたのは多肉植物でした。「植物の中でも多肉植物は安価で手に入ることも多いです。コンパクトで狭いお庭やポーチにもかわいく飾れるのが人気の理由なんじゃないかしら」と、たかはしさん。これまで、ガラクタにしか見えないものをたくさん買って、リメイクやペイントに精を出し、「ときにはメガネ（注：ご主人）に『そんなゴミばっかり買ってどないするねん！　戻してこい！』と怒鳴られたこともあります」と笑うたかはしさんですが、そうは言いながらもメガネさんは、木工作業を手伝ってくれたり、苦手なパソコン作業を助けてくれたり、イベントへの出店時には2トントラックを運転してくれる。実は「Sugar Pine」はご夫婦が二人三脚で歩んできた証でもあるのです。
アラ還のたかはしさんですが、リメイクできそうなガラクタを見つけたとき、「どうやってかわいく使おうか？」と考えているときの瞳のかがやきはまるで少女のよう。「Sugar Pine」物語は、まだまだ続きそうです。

たかはし ようこ

アンティークスタジオ&ショップ「Sugar Pine」オーナー。フォトスタイリングクリエイター。女子大卒業後、商社販売促進部勤務。2005年、夫の材木屋の倉庫を使って、アンティークショップをはじめる。国内外から仕入れたアンティーク、ヴィンテージを販売しながら、リペイントやリメイクした雑貨、家具なども販売。多肉植物と合わせたリメ缶が屋外イベントで大人気となり、多数のファンを持つ。これまでに販売した古道具、リメイク缶は1万個以上。2017年フォトスタイリングアソシエイション・フォトスタイリング銀賞受賞。読者数13万人超えのアメブロ公式ブログ「インテリアと暮らしのヒント」のメンバー。
ブログ　https://ameblo.jp/sugarpine1103/
撮影ボードショップ　https://sugarpine.shop-pro.jp/

企画・編集　　株式会社 廣済堂
デザイン　　　株式会社 クロス
企画協力　　　日本フォトスタイリングアソシエイション
　　　　　　　窪田千紘（スタイリングプロデューサー）
　　　　　　　ヤノミサエ（フォトスタイリスト）

簡単DIYで作る、飾る
リメ缶とグリーンのスタイリングブック

2018年6月11日　発　行　　　　　NDC627

著　者　　　たかはし ようこ

発行者　　　小川雄一
発行所　　　株式会社 誠文堂新光社
　　　　　　〒113-0033 東京都文京区本郷3-3-11
　　　　　　（編集）電話 03-5800-5753
　　　　　　（販売）電話 03-5800-5780
　　　　　　URL http://www.seibundo-shinkosha.net/
印刷・製本　　株式会社 廣済堂